人生から「逃げる」コマンドを封印している人へ

…にいる代表取締役
…漫画家
あずき

ダイヤモンド社

はじめに

はじめましての方ははじめまして。WEB漫画家のやしろあずきと申します。

本書『人生から「逃げる」コマンドを封印している人へ』、略して『逃げコマ』をお手に取っていただき、ありがとうございます。

今、こうしてこの本を開いている方は、何かから「逃げたいな」という思いが心のどこかにあるのではないでしょうか。

この本はそういった人達に対し「逃げちゃえ逃げちゃえw　まぁなんとかなるっしょw」という風に何事からも逃げることを推奨するような本ではありません。

ではどんな本なのかというと、

「あなたの選択肢から消えてしまっている『逃げる』というコマンドを表示させ、選択できるようになるまでのお手伝いをする本」です。長くてすみません。

「逃げる＝悪」という考えがはびこっているこの社会で、逃げるという選択をすることは本当に勇気のいることだと思います。責任感が強いとされる日本人であればなおのことではないでしょうか。

僕はもっと世の中が逃げることに寛容になっていくべきだと思います。就職した会社がブラック企業だったら即逃げるべきだと思うのです。

「就職したなら、とりあえず3年」とよく言われますが、あんなもんクソ食らえです。**3年どころか3秒で辞めたっていいんです。**

人間関係が大変で精神的に辛くて会社に行きたくないのなら、行かなくていいんです。休みましょう。**それはもう風邪と同じです。**

「上司や周りの目があるから定時退社しにくい」？

今すぐ帰って家で自分の好きなことをしましょう。

僕自身、元々はゲーム会社でサラリーマンをしていたのですが、新卒で入った会社での働き方や、なぜか毎日やらされるトイレ掃除に嫌気がさし社長と対立。最終的には机を破壊して退社しました。

その後、大好きなゲームを作る仕事に転職。楽しく働くも、徐々に会社員としての「先輩や他の人が残業して働いている中、なんか自分だけ定時退社がしにくい雰囲気」や、「なんとなく有休が使いにくい」といった働き方が劇的に、本当に劇的に合わず、フリーランスになりました。

とはいえ、「これからの時代、会社員なんてダメダメ！　やっぱりフリーランスっしょ‼」みたいなことを言うつもりは全くありません。人には向き不向きがありますし、それは働き方にも言えることです。

僕は、真面目すぎて自分を消費してしまっている人達や、逃げたいのにどこにどうやって逃げればいいのかわからない人達のためにこの本を書きました。

あとはお金のために書きました。

この本があなたの隠れてしまっている「逃げる」コマンドを表示させる手助けになれば、これ以上嬉しいことはありません。

一緒にその隠しコマンドを見つけましょう！

目次

第2章　言葉は「自分ファースト」

第3章　適度に「不真面目」でいい

第4章 「逃げる」のは悪じゃない

序章

人生から「逃げる」コマンドを封印している人へ

どうも!!
やしろあずきと申します
ヘーイ
突然ですが皆様は『逃げる』という行為についてどんな感情を持っていますか?
学校、趣味、職場…色々な場所で起きる様々な出来事を経験する中で
リレーの練習するから2人組になって〜
逃げてぇ…
『その場から逃げたい』と思った事は少なからずあるはずです
周りができているのに自分だけ苦痛、うまくできない…そう悩んでいる人も少なくないと思います
仕事の悩み
この仕事向いてねぇ…
集団生活
この集団向いてない……
でもそれは単に自分がそれに「向いていない」だけかもしれません。人間には誰しも「向き不向き」があるんです
はぁ…毎日特に楽しくない仕事を深夜までずーっと…なんなんだこの人生……
ではそういう「向いてない」物に向き合う事になってしまった時はどうすればいいのか?
そういう時の行動に関して世間ではよく左のように言われていますが…
3年は耐えろ
皆苦労してる
甘えるな逃げるな
THE・世の中の声

僕は思いっきり逃げてましたぁーーーッ
はい!!どうも!!『逃げコマ』著者のやしろあずきと申します!!
僕はインターネットで漫画家をやりつつ
複数の会社の役員などをして…つまり自分がやりたい事を第一に生きています
仕事柄インタビューなどもよく受けることがあるんですが
では次に…
そんな時聞かれて一番困る質問がこれ
自分が嫌な事などに関してどんな努力をしてどう挑み乗り切りましたか？
思いっきり
オ
オ
オ
オ
オ
オ
あーーッス…あー…
逃げてたんだよなぁ

そう、僕はこれまでの人生で「不向き」な事から徹底して逃げ続け
会社、学校、集団生活 etc...
ダッ
最終的に自分に一番向いてる漫画家という職業にたどり着いたのだ
まんがか
ただ!!勿論逃げ続ける事だけが正義という事ではないです!!
寝
※特に何もしないダメな逃げ方の例
自分に向いていそう、好きそうという事に対する努力は絶対必要になると思います
つまり、向いてない事から逃げつつも自分に向いている事を探す努力は継続する
こりゃ向いてない
シュ
飽きたやめよ
次はこれやろ
バ
バ
バ
バ
バ
僕も色々な事に挑戦したり体験して逃げながらも『自分に何が向いてるか』を調査しました
なんか漫画はいくら描いてても飽きないな…
早く寝な
そうして逃げた先にたどり着いたのが漫画でした
向いてるかもしれない事がわかったらあとはそれに一極集中!!
ツイッターにとにかく描いた全ての漫画を上げまくる
会社から帰って朝まで漫画を描いてそのまま出社して寝まくる(クズ)
1日1回更新や毎日ブログ投稿など目的を決めて全ての労力を注ぎ込みました
(この間会社をサボりまくった)

しかし僕の「逃げるコマンド」はこの状態になっても出現します
カッ
そう、漫画家になってもその中で「向いていない事」は存在しました
締切
事務作業
担当への謝罪
やしろあずきは にげだした！だが まわりこまれてしまった
たたかう
まほう
あやまる
どげざ
にげる
僕は漫画という仕事の中でも自分が向いていない事はできるだけ回避して進んでいったのです
こうして自分が「全力でやれる」向いている事のみ
突き詰めていった結果……
ポーーン
ポンッ
ポーーン
ポンッ
段々と仕事が来るようになっていき
500人
1000人
10000人
500000人
フォロワーさんもガンガン増えていきました
そんでもって会社を辞めて独立できて結婚もできて庭から石油と温泉が出て最高〜〜〜ッ
（後半は嘘）
ファイイ
と、いう単純な話ではありません

最初にも言いましたが「ただ逃げ続けるだけ」では決して好転はないと思います
やみくもに嫌な事から逃げ続けているだけだと
ダッ
自分の目的も目標も定まらず行き着くところは
アアアアアー
無
無です 怖ッ
なので、これから逃げたらあれをしてみよう、これが向いてなかったからアレならどうだろう…などなど
会社辞めて毎日漫画を上げ続ける
全く伸びない
宇宙を破壊する
ある程度知名度が上がる
続かなそうならゲーム会社に復職する
ブログを開設
連載などを増やしていく
『逃げた先』の事もある程度は考えておくと自分に向いている何かを見つけられる確率がぐっとあがると思います!!
ただそれを考えられないレベルに酷い場所にいるという場合は別
仕事以外の事を考えるな
延々会社に尽くせ
ゴゴゴ
そういった場合はとりあえず逃げてから考えるのも全然あり
やばい時は逃げろ!!
自分の人生
自分ファースト!!
ダダダダ

そう、別に「逃げる」行為は全てが悪ではないぞ!!自分の人生なんだしある程度自分に都合よく生きよう!!
・上司ガチャで決まる人間関係
・今の時代だからこその稼ぎ方
・「自分ファースト」で生きる
・適度に「不真面目」になろう
と、そんな事が書いてある本です!!是非読んでみてね!!
え?何?書店で立ち読みしててまだ買ってない?
ほう…なるほど…
あっ…やばいデス・デーモンだこのままじゃ…だめだッ…
デス・デーモン
ここは俺がくいとめるッ…!!
早く!!俺が食い止めている間にレジに行って本を買うんだできれば5冊ほど
ガ
ガ
ガッ
ガタ
もうもたない!!早くレジに向かえ
早く
◆お買い上げありがとうございます!!

第1章

「楽しい」を大切にしよう

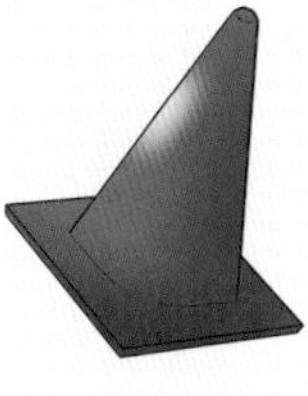

楽しい

進むべき方向に迷っている若者へ

学生さんからの質問に多い「どんな会社や仕事を選ぶべきか」について、僕はいつもこう答えます。

新卒カードを超重要視して
このカードが使える今がチャンスだ
新卒
新卒
どこでもいいから正社員
1回のチャンスを逃すまいと必死の学生は割と多い
だが新卒カードを重視しすぎて…
興味のない企業に入るよりは
やりたい事を仕事にすべき
新卒で就職しなきゃ!!ととりあえず入ってみた会社がどブラックだと
はあ…毎日残業で自分の時間ねえし…
金もないしもう夢とかみてらんないや…
「本当になりたい職業」を考える暇もなくなる
そんな企業に入るぐらいならばバイトでもいいので
バイトで経験
転職して正社員
転職のほうがハードル低いしね
自分が目指す業界に入っておくべきだと思う

新卒カードってあるじゃないですか。基本的には一生で一枚しか配られないものなので、みんな必死にそのカードを持って就職先を探すんですよね。

それで、無事に入りたかった会社や業界に入れた方は良いと思うんです。めちゃくちゃ素晴らしい。おめでとうございます。

ただ、行きたかった会社や業界に入れず、でも新卒カードがもったいないからと、とりあえずそのカードを使って来る者拒まずなブラック企業に入社してしまう…、というのは結構危険だと思います。

そういう会社って、とりあえず大量採用をして、エグい軍隊訓練みたいな宿泊研修に参加させたり、きついノルマを課したりするから、ドンドン人が辞めていっちゃうんですよね。

それでも大事にしていた新卒カードがもったいないからと辞めずに頑張って続けていると、結局はその会社に精神を支配されてしまい、そこで働き続けること以外の選択肢を見失いかねません。

なので、そうやって無理やり新卒カードを使って望まない会社に入るのであれば、もういっそのこと、**そのカードを捨ててしまうのもアリ**なんじゃないかなと僕は思います。

もちろん、ただ闇雲に捨てろと言っているわけではなく、どういうやり方でもいいので、**自分が興味を持っていたり、やりたいと思っている業界や世界に足を突っ込んだ方が良い**ということです。

例えば、**気になる業界の会社でアルバイトとして働いてスキルを磨けば**、新卒で入るよりも良い条件で雇ってくれる会社が見つかるかもしれません。

僕の時代や、さらに過去の時代には本当に情報も少なかったので、この新卒カードを使う以外の方法がマジでなかったんですが、今はネットが普及し、**SNSなんかで自分のスキルを世界に向けて発信することもできる**し、本当に良い時代になったなぁ…と思います。

自分が利用できるものをフル活用してドンドン有利な状況を作っていければ、就職の時に限らず様々な場面で役に立つと思いますし、自信もついて良いことずくめです。

自信を持って「好きなこと」を選ぼう！

楽しい

フリーランスって時間からも超自由?

「毎日、好きなように過ごせる!」と思われがちなフリーランスの仕事。実は、必要な能力があるのです。

よく聞かれる質問
やはり正社員よりフリーのほうが自由な時間は多いですか!?
「時間」について
やりようによる
としか言えない 別にフリー＝超自由という訳ではないのだ
フリーはそりゃ寝たい時に寝れるけど寝てるだけじゃお金は手に入らないし
は～今日だりいわ
寝よかw
あああああ終わらねえ
仕事がない時はそれこそ全ての仕事を受けて全く自由なんかなくなる
逆に社員の場合は土日はゆっくり休める(会社によるが…)
定時退社～土日は自由だ～～
時間の管理を誰かにして欲しい人は正社員が向いている気がするなぁ

「時間の使い方」は本当にやりようによります。

例えば、フリーランスは人によって働き方が全く違います。

僕みたいに家で漫画を描いている人は、その日、その瞬間に仕事をするかしないかを完全に自分の好きなように選択できるので、いくらでも仕事ができてしまうわけです。

逆に、休もうと思えばいくらでも、無限に休めてしまうので、新作のゲームが出たら徹夜でプレイしたり、楽しそうな誘いにつられて夜通し遊びまくる事も可能です。その場合、受注した仕事の締め切りに追われ、色々と終了してしまうこともあります。そうです。僕です。

フリーランスでも、業務委託という形でオフィスに出社している人もいるので、その職種や業務内容によって**働き方は千差万別**なのです。

フリーランスのメリットでいうと、さっきも書いた通りいつでも休むことができるので、平日の空いているアミューズメント施設に行ったり、映画館を安く利用したりなんかもできます。混んでない遊園地とか、最高。

待ち時間や人混みが苦手な人には、とても過ごしやすい環境だといえるんじゃないでしょうか。

会社員のメリットは、やはりオンとオフの切り替えがしやすいところかなと思います。会社に労働時間や業務を管理されているので、**その時にやらなければいけないことが明白**だし、休みの日は仕事のことを考えないで思いっきり羽を伸ばせますしね。

フリーランスの自由と不自由は本当に表裏一体で、すべての時間を自分の好きなように使えてしまうぶん、自分を厳しく制御できないと、金銭面などもすぐに限界を迎えてしまいます。

このように、時間が自由に使えると羨ましがられがちなフリーランスですが、**時間の管理をきっちりできない人だと難しく、結局会社員の方が良かったと再就職する人も少なくありません。**人それぞれですね。

羨ましがられるけど、フリーランスが超自由というわけではないぞ！

楽しい

絶対にSランクを引きたい！「上司ガチャ」で決まる会社員の「人間関係」

今の時代、「社員は家族」なんて言葉は地雷でしかありません。強制できる「飲み会」もありません。嫌なら逃げましょう。

この世界で生きていく上で
絶対に避けられないもの
人間関係
それが「人間関係」である
この点でいうと
やりやすいのは間違いなく
フリーランス
はい逃げま～す
自分の感覚で危ない
奴からは離れることが
自由にできる
会社員は所謂【上司ガチャ】
もあるし
社員は全員家族
仲良く徹夜
仕事上断れない
付き合いなどもある
まあフリーの場合でも
誘われたら断れない話とかも
あるにはあるんだけどね
私の
宗教の
漫画を……
やべえ奴もいるし
結局は周りの人間
次第なんだよなぁ

結局、仕事って人間関係なところがあるじゃないですか。

特に上司。基本的に会社員は上司を自分で選ぶことができないので、自分に合った人が上司になってくれるかどうかって完全に運なんですよね。

僕はこれを**「上司ガチャ」**とよんでいます。

この上司ガチャでSランク級の超絶最高な上司を引ければ、今後の会社員生活も不満なく楽しく過ごせると思いますが、**最低ランクな上司を引いてしまった場合、もう最悪です。**

ゲームのようにガチャの引き直しはできないし、そもそも入社するまでそのガチャの中身がわからないので、神に祈ることしかできません。

しかも、入社時の上司ガチャで当たりを引いても安心はできません。

これは僕の会社員時代の話です。

入社時に配属になったところの上司がとても良い人格者で、毎日楽しく仕事をしていたのですが、担当するプロジェクトが変わり違う上司がついたんです。


その上司が「社員はみんな家族だから！　家族みんなで仲良くしていこう！」というノリの人で、「残業もみんなで仲良く一緒に！　飲み会は絶対に出席！　家族だから！」と、めちゃくちゃな人間でした。

そのスタイルに合った人間であれば、さほどしんどい思いをしないで済むんでしょうけど、僕はどうしても肌に合わず辞めてしまいました。

仕事はすごく楽しかったんですけどね。

その点、フリーランスは本人の実力にもよりますが、ある程度は相手を選ぶことができます。
取引をしているうちに**「あ、こいつヤッベーな」と思った相手からは自分から手**

を引くこともできるので、人間関係による不満というのは溜まりにくいんじゃないかなと。

また、会社員と違い、飲み会なんかも自分の興味のある本当に行きたい場だけに絞ることも可能なので、お金と時間も節約しやすいです。

会社員としてある程度の理不尽さに対する耐性や、ヤバい人間を見極める嗅覚を磨いておくとフリーランスになった際にかなり役立つのでオススメです。

本当にやべぇ奴ほど外見ではわからないものなので…。

嫌なことを「断る」のは悪じゃない！

楽しい

「お金の稼ぎ方」は自分で選べる

フリーランスと会社員、
どちらも経験した僕が考える「お金」の話です。

この世界で生きるのに必要なものの1つ
お金
フリーと会社員のお金の違いというと
フリーは爆発型、正社員は安定型だとは思います
無論正社員でも外資系などアホみたいに稼ぐ人はいますし
不動産役員
フリーでも会社役員などを外部で行いある程度安定を手にしている人もいます
でもフリーランスは本当に様々な稼ぎ方ができる時代になっていると思います
色々な作品を発表できるサービスもどんどんできているし……
自分に合う場所を探して進んでいけばいいと思うぞ

みんなお金大好きですよね？　僕も大好きです。お金大好き。

フリーランスと会社員のお金の話ですが、僕は**爆発型と安定型**に分かれると思っています。フリーランスの場合、働けば働いたぶんだけもらえるお金が増えるので、自分の頑張り次第で稼げる額をドンドン増やしていくことができます。

逆に言うと**「働かない＝収入ゼロ」**なので、病気になったり、仕事ができないような怪我を負ってしまうと、大変なことになります。なので、体調管理には細心の注意を払わないといけません。

体調が悪くても締め切りは待ってくれないから……。

その点、会社員の場合だと病気になったり怪我を負ってしまっても（有休が使えれば）毎月の給料は大体固定なので、安心して休むことができます。

ただ、会社員で例えば「給料を5万円増やしたい！」と思っても、すぐには難しいものがありますよね。

会社員として基本給を5万円上げようとなると、会社に貢献し、自分のポジションを上げて役職に就くなどしなければならず、下手をすると数年かかってしまうかもしれません。

フリーランスの場合、月の給料を5万円上げたいのであれば、その月に5万円分の仕事を追加で受注したり、既存の仕事の受注額を引き上げてもらったりということができるので、比較的難易度は低いんじゃないかなと思います。

最近では、会社員でも副業という形で毎月の収入を増やすことはできるので、余裕があれば自分のスキルと余った時間を使ってお金を稼ぐのもアリですね。

僕は会社員時代、**「漫画収入が給料を上回ったら退職する」と決めていました。**

今は本当に様々な稼ぎ方ができる時代になってきていて、会社員をしながらブログやYouTubeで動画投稿をして広告収入を得たり、今の職場と似たような職種の会社に業務委託として働くという選択肢もあります。

副業が安定してきて、自分の会社員としての給料くらい稼げそうだという確信が持てたら、思い切ってフリーランスになってみるのも一つの手ですね。

え？　会社で副業が許可されてない？　バレなきゃ問題な…ゲフンゲフン。

とにかく会社員にしてもフリーランスにしても、稼ぎたいなら**自分に合った場所をドンドン模索して進んでいくことが一番の近道**になるんじゃないでしょうか。

「選択肢は一つではない」ことを知っておこう！

楽しい

会社員とフリーランスの「スキル」

「フリーランスとして働きたい」と相談をよく受けますが、僕はまず「会社員を経験する」のも良いと思います。

色々な経験をしていくと身についていくもの
マーケティング
コミュ力
サボり
定時退社
「スキル」
僕は元会社員なので会社員特有のビジネススキルは
納期交渉
ビジネスメールもね
ある程度自然についていったのだ
ただフリーもフリーで「1人ですべての工程を経験できる」という
アイデア出し
企画作成、制作
販売（マーケティング）
かなり貴重な体験をする事も出来る
フリーのスキルと会社員のスキル
1人でなんでもできるけど
人に頼るのも忘れずにな!!
両方を経験している人の強さというものはあると思います

「スキル」って言葉、なんかゲームっぽくて良いですよね。

スキルポイントを自分で割り振って、物理攻撃が強い脳筋アタッカーを育てるのか、ド派手に魔法をぶっ放す魔術師に育てるのか、はたまたサポートスキルや回復スキルを極めた僧侶に育てるのか…。考えただけでも胸が躍りますよね。

話を現実に戻します。さて、そんなスキルですが、もちろん現実世界でもとても重要になってきます。

僕は会社員を経験してフリーランスになったので、ある程度は両方のスキルが自然に身につきました。

会社員をやっていると主に身につくのは、やはりビジネススキルじゃないでしょうか。名刺交換の仕方や、電話の取り方、会議の進め方、資料の作り方、ビジネスメールの書き方etc.…。

これらのスキルは、個人的には社会に出るには基本中の基本で、めちゃくちゃ応用の利く必須級のスキルかなと思います。

また、働いている会社にもよりますが、チームでの仕事の進め方を学べるのも会社員ならではですよね。

対してフリーランスで得られるスキルですが、これはその職種によって大きく異なってくるので、なんとも一概には言えないところがあります。

強いていうならば個人事業主の場合、「営業・受注・生産・納品・請求」までをすべて一人でこなさないといけないので、得ることのできるスキルの経験値はとても高いです。

会社員としてのデメリットは、そういった一連の流れを経験できることが少ないので、限られたスキルを磨くことしかできないところでしょうか。

対してフリーランスのデメリットとしては、求められる所持スキルの多さかなと思います。新卒でフリーランスになった場合、ビジネスマナーなどわからないことだらけのいわゆる**「わからん殺し」**みたいな状況になりかねません。

個人的なオススメとしては、**少しでも良いので会社員として最低限のビジネススキルを学び、ある程度のレベルまで習得しておけば、いざ自分がフリーランスの道を進みたいと思った時に大きな力になってくれる**と思います。

両方の美味しいとこどりというのは、やはりとても有利です。

どんな場合でも「人に頼る」ことも忘れずに！

楽しい

ニート、それは助走期間。

なんとなく風当たりが強い「ニート」という言葉。
でも実は、めちゃくちゃ貴重な時間じゃないですか？

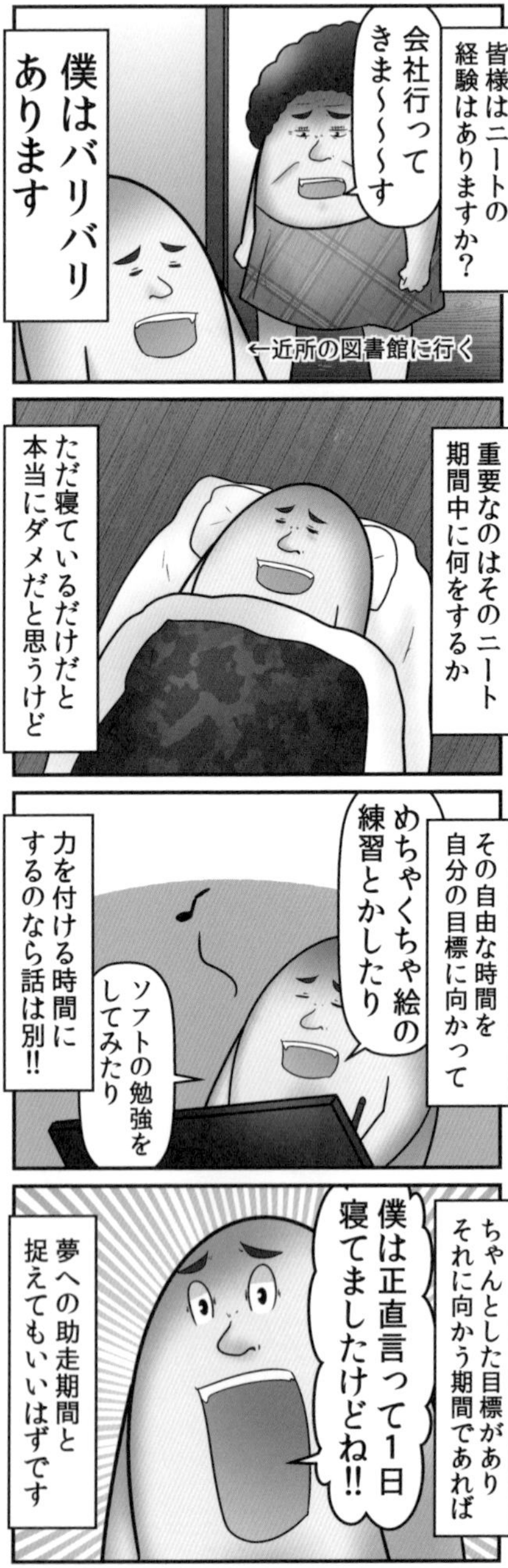

皆様はニートの経験はありますか？
会社行ってきま〜〜〜す
僕はバリバリあります
←近所の図書館に行く
重要なのはそのニート期間中に何をするか
ただ寝ているだけだと本当にダメだと思うけど
その自由な時間を自分の目標に向かって
めちゃくちゃ絵の練習とかしたり
ソフトの勉強をしてみたり
力を付ける時間にするのなら話は別!!
ちゃんとした目標がありそれに向かう期間であれば
僕は正直言って1日寝てましたけどね!!
夢への助走期間と捉えてもいいはずです

突然ですが、皆さんはニートの経験はありますか？

僕はバリバリにあります。

勤めていた会社を退職したはいいものの、当時実家で暮らしていた僕は、会社を辞めたことを母に隠していました。

「なんで？」と思われるかもしれませんが、なんとなく恥ずかしかったからです。

なので、毎朝母に「会社行ってきまーす」と言って家を出た後、近所のスタバで抹茶クリームフラペチーノを飲み、そのまま図書館に行って漫画とか読んでました。

3～4か月もです。

3～4か月もの間、毎朝母に「会社行ってきまーす」と嘘をついてスタバと図書館のローテーション。

想像できる？　ジゴクです。この世のオワリ。

最初のうちは「ニート最高!」と思ってたんですが、スタバに通い詰めた結果、**最終的には貯金が2000円くらいになってしまい、本当にヤバい生活をしていました。**

結果的に母に嘘がばれてしまったので、その生活は終わったんですが、今思えば**この期間中にもっといろんな勉強とか絵の練習をしてスキルを磨いておけば良かったなぁ…と、しみじみ思います。**

僕の場合、在職中から漫画を描いていたのでその後もなんとかなりましたが、3〜4か月もあれば全く違うスキルを身につけることもできたはずなので、皆さんは僕を反面教師にしてニートになるようなことがあれば有効活用してほしいです。

もちろん、心の休養が必要な人は存分にゆっくりしてください。

それも助走の一つです。

今の時代、会社員という働き方が合わずにニートになり、「なにもすることがないから動画とかボカロ（ボーカロイド）とかブログをやってみよう」と始めたことがきっかけで才能が開花し、めちゃくちゃ有名になった、なんて話も全然珍しくない話になってきています。

ニートと聞くと、どうしても世間からの風当たりは強くなってしまいますが、**そこは気にせず自分のやりたいことを見つけて、注力していける**、人生でもあまりない貴重な時間だと思うんですよね。

そのニート期間をダラダラと無駄に過ごしてしまうのか（僕みたいに）、それとも**まだ見ぬ自分と出会うための助走期間**とするのか、それはあなた次第です。

周囲の目を気にして焦る必要はないぞ！

楽しい

上司への最強の嫌がらせ（非推奨）

「非推奨」です。

会社員時代、上司に対して嫌がらせを仲間とちょこちょこやっていました。

会議前の上司のプレゼン資料に、「壮大な荒野のど真ん中でバッキバキな体をした外国人が全裸で仁王立ちしている謎の画像」を挟み込んだり…。

なかなかタバコ休憩から帰ってこない上司のパソコンの壁紙を真っ青にして、「○○さん！　ブルースクリーンになってますよ！」と叫んで強制帰還させたりと、今思えば、本当にめちゃくちゃやってました。

僕はこうやって上司に嫌がらせをすることでストレスを発散していましたが、働いていた会社がゲーム会社でゆるかったというのもあったので、**皆さんは真似しないでくださいね。**普通にクビになりそうだから。

逆に仲良くなることもあるかも…。

明日から使える定時退社する方法

パターン①
年配の上司に効く「横文字攻撃退社」

パターン②
僕が新人説明会でオススメした「ちょっとコンビニ行ってくる退社」

会社員時代、新入社員にスピーチする企画があった
MMOでネカマに騙されたことが〜…
ゲーム会社なので内容はゆるかったが…
じゃあ次はやしろくん真面目にお願いね!!
うっすうっす〜
えー…定時は19時なんですが18時50分ごろになると先輩たちが
夕食を食べに一旦外に出るのでそのスキに定時退社をキメるのがオススメです
あと…会社の真下にコンビニがあるんですが…そこに夜食を買いに行くふりをして
帰るのも最強です
怒られた

定時退社って、なんであんなにしにくいんでしょうね？

「残業をしている＝遅くまで頑張ってえらい！」という風潮がまだまだ日本社会では多い気がします。

漫画では二つの定時退社をする方法をお伝えしましたが、その中でも「ちょっとコンビニ行ってくる退社」はマジでオススメで、僕はこの方法をめちゃくちゃ使ってました。

定時が過ぎたら、おもむろに席を立ち「あ、ちょっと行ってきまーす」と言うだけ。

周りの人は「コンビニでも行くのかな？」と勝手に思ってくれます。

あとは「ちょっと行く」だけです。

家に。

周りに合わせるための残業……
そんな空気は読まんでいい！

コラム

ゲーム業界のメリット・デメリット

さて、僕は大学を卒業してから、5年ほどゲーム会社でプランナーとして働いてきました。

最初に中小ベンチャーに入り、大手に転職という感じでキャリアを形成してきましたが、毎朝会社に行くのが嫌すぎて辞めました。

だって嫌なんだもん。

その時の話を聞きたいと言ってくれる人も多いので、ゲーム業界で働くメリットとデメリットを自分なりに紹介できればと思います。

メリット

☆朝がそんなに早くない

大体10時出社、昼までなら自由という会社も。

☆服装自由

別に夏はタンクトップでもOK、上半身裸の人もいました。

☆仕事中にゲームができる

だって研究だもん。PS4持ち込んで自分の机で遊んでいる勇者もいました。

☆堅苦しい雰囲気じゃない

みんなゲームが好きだし、上司とのお堅い関係とかあまりありません。

☆飲み会とか強制参加じゃない

上司に酒を注いで回る悪しき習慣もないので、僕は一度もやったことがありません。

☆仕事中寝れる

寝まくった。

☆仕事中 Twitter できる

しまくった。

☆仕事中エロサイトを見れる

これはちょっと怒られた。

☆お腹が痛いと言って午前中で帰れる

最低の行為。

後半は僕がクズってただけです。

デメリット

☆残業が基本多い

出社が自由なぶん夜は遅いです。大体が裁量労働制のため残業代も出ません。
ちなみに僕は裁量労働制という言葉が世界で一番嫌いです。

☆他の業界に比べて社会常識はあまり身につかない

みんな心が子どものまま大人になったような人達ばかりで大丈夫？　って人も普通に働いています。楽しいけど。

☆趣味と仕事の境目がなくなる

これはどの業界にも言えることかもしれませんが、好きなことを仕事にすると辛い事もあります。僕は漫画に加えて日々を記事にするWEBライターまで始めてしまったので24時間仕事をしている感じです。たまに死にたくなる。

楽しいけど。

☆休日出勤ガンガンある

所属しているプロジェクトにもよりますが、開発が佳境に入るとマジで1日も休めないどころか睡眠時間もまともに取れない日もあります。有名なタイトルになるほどそういう現場が多かったです。ていうかゲームプランナーって一番帰れなくない？　なんなの？

☆たまに殴り合いの喧嘩が見れる

何ここ？　小学校？

…正直、デメリットの部分は業界では当たり前の所とか結構ありますよね。現役の方はこんな事も我慢できないなら辞めて正解、向いてない！　と思う人も多いと思います。その通りです。

僕の場合マジで根の性格が会社員に向いてないし、自分が作ったゲームに給料を使ってガチャ引いて、会社からもらったお金を会社に返しているような人が全く理解できませんでした。

いや、悪いことだとは思いません。自分が作ったゲームを愛している物凄く良い開発者だと思います。ただ、僕にはそこまでの熱意がなかっただけです。あとは自分がなんでも好きに決めたい意識が強かったのだと思います。

ゲームプランナーになったからといって、自分が1からすべて決めて、「ぼくのかんがえたさいきょうのゲーム」が作れると思ったら大間違いで……。

最初はもちろん雑用からだし、それを乗り越えてこそ、自分が考えたモノを世に出すことができると思いますが、僕にはそこまでの忍耐力はありませんでした。
なので、自分が思いついた事をそのまま世に出せる今の生活は本当に楽しいです。

辞めて良かった正社員。安定もクソもないしゲロ吐くほど忙しいけどな。

「プライベートなんて元からあってないようなものだし、四六時中ゲームの事を考えてられるなんて最高！」って人はゲーム業界に向いていると思います。

※注意事項

・僕はプランナーだったのであくまでもプランナー目線の意見です
・個人が感じたメリット・デメリットなので参考にしすぎないでください
・会社によって全然違うと思うので参考にしすぎないでください
・僕は社会人としては最悪のゴミクズです

第2章

合言葉は「自分ファースト」

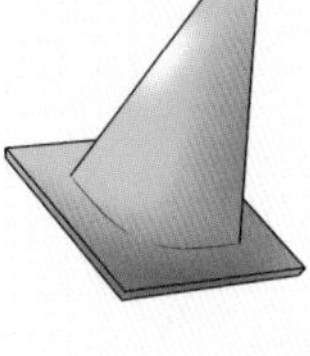

「自分ファースト」で生きる

「何事も100%」は自分を壊しかねません。疲れたなぁと思ったら、「あえて0%」の瞬間を作ってみませんか？

何に対してもめちゃ真面目な人っています
今日はこれとこれやってアレもミスは許されないし…
オオオオオ
手抜きは絶対できないし…!!
素晴らしいとは思うけど全てにおいて真面目なのもどうかと思うのです
時には息抜きもかねて「不真面目になる事」も必要
はいこれはもうやりませ～～～ん
ドーン
ねま～～～す
ただ、人に迷惑はかけないように「時と場所を選んで」不真面目になる必要もあります
そう、しっかりと計画しなれる時に不真面目になれる……
真面目に不真面目
「真面目に不真面目」になるのが良いのです
人に迷惑をかけまくるのは「ただの不真面目野郎」だからやめようね!!
インフルって嘘ついて
フゥ
会社休も～っと
※真似しないでください

仕事、したくないですよね。

ずっと寝ていたいし、ゲームしていたいし、寝ていたいし、ゲームして寝てゲームして寝ていたいですよね。わかります。

今の世の中、もう少し**「自分ファースト」**で考えてもいいんじゃないかなと僕は思っています。

どういうことかと言うと、何に対しても真面目に真面目に考えて他人を優先して動いてその結果、自分を壊してしまうのであれば、**時には不真面目にサボってガス抜きをすることも必要**だなと。

サラリーマンで言うとちょっとトイレで仮眠したりとか、外回りで少しカフェに寄ったりとか、そういうので良いと思うのです。

本当に真面目な人って、マジで仕事中に全くサボらないんですよね。
サボるどころか、お昼休憩も仕事してたり、毎朝誰よりも早く会社に来て誰よりも遅く退社したり…。

もちろん、それが悪いことだと言っているわけではないです。それが本当にその人のやりたいことなのであれば。
ただ、そういった働き方をしていると、必ずいつかどこかで綻びが生じてしまうと思うんです。

少しのミスをとても気に病んでしまって、会社に来ることができなくなったり、自分がやっているからと周りにも同じことを要求してしまい、社内での関係性を悪化させてしまったりと、様々な形で無理をした反動が出てしまいます。

そんなことになってしまう前に、ぜひ真面目に「不真面目」について考えてみて

はいかがでしょうか。

僕なんかで言うと、10分だけ息抜きでゲームするつもりが気づけば3時間経っていたり、5分だけ仮眠をとろうとしたら7時間のバッチバチの本睡眠をとっていたりしていますが、ここは真似しないでください。

また、締め切りを完全に過ぎているにもかかわらず、原稿そっちのけでサバゲに行ったりゲーセンに行きまくったりもしていますが、本当に真似しないでください。

編集さん、本当にすみませんでした。

圧倒的「自分ファースト」でいい！

自分ファースト

悪あがきで一発壁に蹴りをいれてみる方法

行きたい会社が採用試験をしていない場合、
あなたはどうしますか？

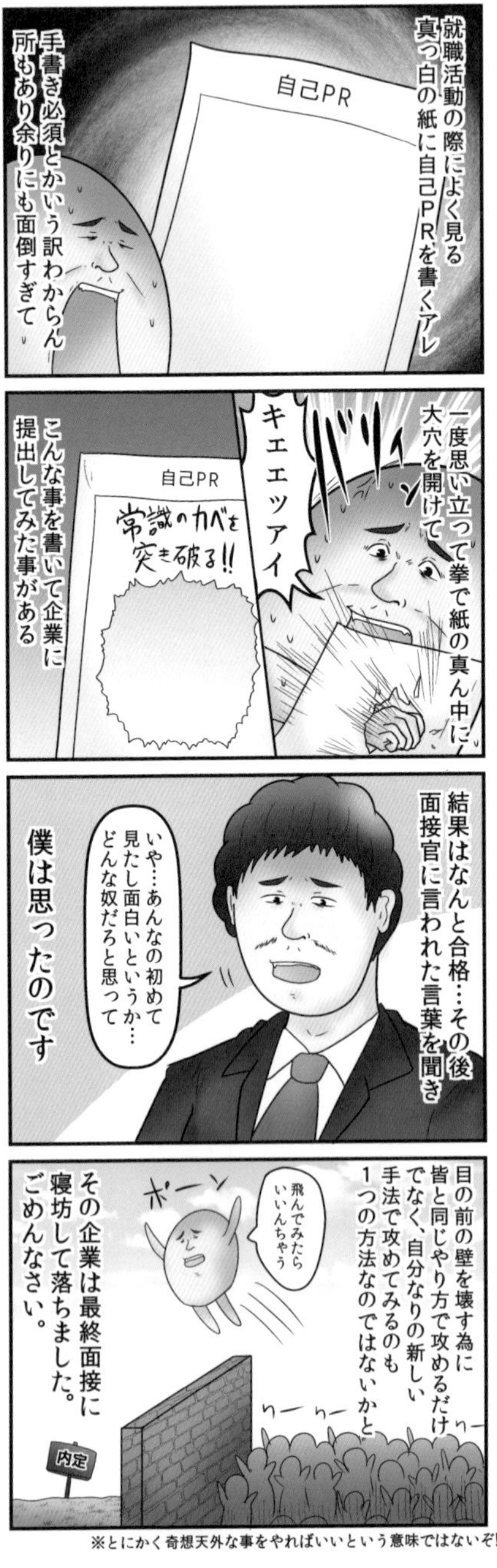
就職活動の際によく見る
真っ白の紙に自己PRを書くアレ
自己PR
手書き必須とかいう訳わからん
所もあり余りにも面倒すぎて
一度思い立って拳で紙の真ん中に
大穴を開けて
キエエッアイ
自己PR
常識のカベを突き破る!!
こんな事を書いて企業に
提出してみた事がある
結果はなんと合格…その後
面接官に言われた言葉を聞き
いや…あんなの初めて
見たし面白いというか…
どんな奴だろと思って
僕は思ったのです
目の前の壁を壊す為に
皆と同じやり方で攻めるだけ
でなく、自分なりの新しい
手法で攻めてみるのも
1つの方法なのではないかと
飛んでみたら
いいんちゃう
ボーン
内定
その企業は最終面接に
寝坊して落ちました。
ごめんなさい。

※とにかく奇想天外な事をやればいいという意味ではないぞ!!

この方法は僕がこれまで生きてきた人生の中で結構使ってきた技です。

大学生の頃、研究室内の大画面テレビでゲームがし放題だからと大人気だった研究室があって、選考で落ちてしまったのですが、その後に熱意を教授宛に直接メールで送ったら特例で合格になりました。これも悪あがきが成功した例の一つになると思います。

何が言いたいのかというと、**ダメか〜って諦める前に「なんかちょっといけるんじゃない…？」って感じで最後の悪あがきをする**と案外どうにかなったりする事、多かったんですよね。

…で、今になって色々な人の話を聞くと正攻法ではなくこういったイレギュラーな方法で自分がなりたい職業になっていたり、業種についていたりする人って結構多かったんです。

新卒を募集していない会社の中途の応募ページから「新卒だけど入れてくれ」とアホみたいな長文のメッセージを送りつけ無事に内定をもらった人や、最終面接で落とされたけど諦めきれず、そこの社長が行くパーティーに潜り込み直談判した人とか、正直引くレベルの行為をして今自分がやりたい事をしている人など…。

元々決まっていたルールでNGを食らっても、まだ諦めずに自分なりの個性を活かしたやり方で再勝負をしかけ、その結果再びチャンスを掴んでいる人が結構いるんです。

全員総じて頭おかしいと思うけど。

なので、場合によっては**「悪あがきで一発壁に蹴りをいれてみる」**方法や**「みんなが壁に体当たりをしている最中にコッソリと地面を掘り進めて壁の向こう側に行く」**ような方法が結構有効なんじゃないか、という話でした！

ただ、当たり前のように悪あがきをしろ、元々あるルールを無視しろと言っているわけではないです。全員が全員悪あがきをしたら、無秩序な世紀末みたいになりそうだし…。

本当に自分が諦めきれない事があって、それをあと一歩で掴み取れるような場所にいる場合、少し大胆でも自分なりの勝負をしかけてみても良いんじゃないかなぁ、という事です。ネットが発達している今の時代、色んな場所に色んな人と繋がれるチャンスは転がっています。

「諦める前の最後の一歩」は大胆に行こう！

自分ファースト

新卒カードがなくても「好きな仕事」を目指す

「楽しいと思える仕事がしたい」という
自分の気持ちを優先しましょう。

新卒カード
新卒のみが持てるカードで
その威力を発揮するために
新卒たちは一度の就活に
命をかける………
新卒
のは昔の話ッ!!
新卒
新卒カードを過信
できる時代ではない
今は第二新卒
第三新卒制度もあるし
バイト→社員
第二新卒
新卒の時期を逃すまいと
焦るべきではないのだ
新卒カードに目を奪われ
特に興味もないブラック
企業に入社するなら
一度立ち止まって
周りを見渡そう!!

新卒で就活している人の中に、めちゃくちゃ色んな会社を受けまくってる人っていません？

それこそ200社とか300社とかエントリーして「こんなに受けてます！」みたいにエントリーシートのプレイリストを作って満足気にしているみたいな人。

とにかく何社も受けてそのうちのどっかには入れればいいや～って思っているような人って、結構多いと感じるんですよ。それって、めちゃくちゃ危険というか、甘い考えだなって思ってまして。

仕事って、ずっとやっていかないといけないものじゃないですか。それこそ、これからの人生を形作っていくもので。

義務教育を終え、人によっては大学に行き、やっと人生のチュートリアルが終了したところなわけです。

そこからみんなの人生が本格的に始まるっていうのに、そんな適当な感じで自分の人生丸投げしちゃってもいいのかなって。

その人の夢が「適当な会社に入って、適当に暮らしていく」みたいな感じだったら全然良いと思います。でも大体の人は違うと思うんです。

「一発あてたいな」とか「自分が楽しいと思える仕事がしたいな」とか思っていたはずなのに、手元に配布された新卒カードに惑わされて、「このカードを有効期限内に使わなきゃ」と躍起になり、いつの間にかやりたい仕事に就くことよりも会社に入ることが目的になっちゃってる。

そんな「とりあえず」で入った会社に貴重な人生を何年も捧げるのってすごくもったいないじゃないですか。

「入りたい会社や業種は新卒同士で競争率が高くて…」という方もいるかもしれませんが、それだったら思い切って手元の新卒カードを捨てちゃって、入りたい会社や業種でバイトしたりフリーでスキルを磨いて力を数年溜めて、中途で即戦力で入る方が全然良いと思いませんか？

会社も即戦力を常に求め続けているし、そのくらい柔軟に考えた方が人生も楽になると思うんです。

「簡単に言うな」と思われるかもしれません。

ただ、このようなやり方で即戦力として憧れの業界や会社に入っていった人は世の中にめちゃくちゃいます。

みんながやっていないからこそ、そこにチャンスが生まれているんです。

とにかくやった後の世界は、とにかくやった人にしか見えません。

この本を読んだ方々が、一人でも多くその世界を見ることができますように。

「とりあえず」が「妥協」にならないようにしよう！

自分ファースト

「アドバイス」と「指示」って違うんです

人の意見を丸ごと受け入れると、考える手間がなくて「楽」ですよね。
でも、「自分で考える一手間」こそ大事だと思います。

人生で何か問題や疑問に直面した時
それはこうしたほうがいいぞ
いやこのやり方が
俺のいう事を
周りの大人が色々意見を言ってくる事もある
だがその言葉だけを信じて
大人がこういってるからそうすればいいか〜
思考停止するのはよくない
勿論他人の意見も踏まえつつ自分の経験や知識などをベースにしっかり考え…
おもしろ
こうしろ
これが正しい
やれ!!
経験
信念
知識
そして最終的な判断は自分で下すのがいいぞ!!
よしっ自分の直感を信じてオムツを穿いて映画を見るぞ
もっとまともな事に脳を使いな

あなたの周りにもいませんか？　こういう人達。アドバイスとしては嬉しいんですけどね。「自分の時はこうだったから、こうするべき！」みたいなのって、もうそれアドバイスじゃなくて指示じゃん、って僕は思っちゃうんですよね。

いや、わかるんですよ。その人はそうやって問題や疑問を解決してきたからこその意見というのはわかります。

でも結局その解決方法って、その人の問題にしか紐づいていないことがめちゃくちゃ多いので、実際に自分が直面している問題にも当てはまるとは限らないんですよね。

これ、「んなこたわかっとるわい！」という人もいると思うんですけど、そういう人でも、例えば**憧れの人や尊敬している人のアドバイスはまんま受け入れがち**だったりします。

もちろん「全部聞き流せ！」と言っているわけではありません。

大事なのは**一旦そういったアドバイスや意見を受け止めたうえで、自分に必要なものとそうではないものの取捨選択をできるようになろうね！**ということです。

一番よくないのは「この人がこう言っているからそうに違いない！」と思考停止してしまうことで、こうなってしまうと最終的にはその人の指示やアドバイスがないと何もできない指示待ち人間、操り人形になってしまうのです。

そうならないためにも、日ごろから「自分の意見」を持ち続けることが大切で、**「この人はこう言っているけれど、自分だったらこうするな」**って一度ストップして考えてから答えを出すのが重要なんじゃないかなと思います。

もし今、あなたに「この人が言うことは絶対！」という人がいるのだとしたら、まずはそこから疑ってみると良いかもしれません。

人からのアドバイスをうまく利用すれば、自分の考えをアップグレードすることができます。

色んな人の意見やアドバイスを自分なりにブレンドして、知識として加えていけば、いつかしっかりとした自分オリジナルの思考を持てるんじゃないでしょうか。

もちろん、この本の中のアドバイスもそのまま受け取らず、ブレンドしてみてくださいね。

それがこの世の中を突き進んでいく矛にも、あなたを守る盾にもなってくれるはずです。

アドバイスは「参考」に、「自分で」判断しよう！

自分ファースト

世界が平和になる！ノー残業デーじゃなくて残業デーがある社会

定時退社で「働いてない感」がでる社会っておかしくないですか？

まあ、こういう漫画ばっか描いてますが、僕は残業をすべて撤廃しろ！ という強硬派ではないんですよね。

僕自身は残業クソ嫌いですけど。クモの次に嫌い。

クリエイティブ産業で残業ゼロはどうしても不可能だし、マジでモノづくりに熱中して好きでやってる人達を強制的に帰らせたりしたら、それこそ良いモノが生まれなくなってしまうので。

僕が理想とするのは、**残って仕事をやりたい人はガンガン残り、帰りたい人は何も気にせず帰れる社会**です。

今はどうしても残っている人の方が偉く、早く帰りたい人が引け目を感じてしまう会社の方が多い気がします。

どんなに会社に残ってても平気で、最高に仕事が大好きな人は普通に存在するし、1秒でも早く会社を抜け出してプライベートを満喫したい人も存在します。

だったらもう会社に残っていたい人は好きなだけ残ってて良いと思うんですよね。それで、早く帰りたい人も申し訳なさもなくさっさと帰ればいい。

なので今みたくとにかく残業禁止禁止で全社員をさっさと帰らせよう！　って流れはちょっと違うと思うんです。

残りたい人は残れて残業代ももらえてラッキーだし、帰りたい人は家に帰れて好きな事ができて最高。

ほら、お互い幸せ。世界が平和。

ただし、みなし残業、テメーはダメだ。

まあそんな単純じゃない事はわかってますが、**誰もが自分に合ったペースで無理せず働ける、過労死なんてものがなくなる社会になるといいなぁと思います。**

働きたい人は働く！　帰りたい人は帰る！
それでいい！

「席順ルール」を導入してみた結果

忖度一切なし！
巷にあるどんな会議術よりも効果的な手法ではないでしょうか。

会社の会議って、めちゃくちゃダルくないですか？

無駄に会議室に人を集めるくせに結局話をするのは数人だけだし、上座と下座とかなんかめんどくさいし…。

終わらせたい仕事があるのに、そんな無駄な会議で時間を消費して、結局仕事が終わらずに残業とかアホらしすぎません？

そこで会社員時代に考えたのが**「席順ルール」**です。

このルールの導入によって、マジで会議の参加率が上がり、遅刻する奴がいなくなりました。

さらにこのルールの応用として、**まだ場に馴染めていない新人さんを上座に座らせて本音を聞き出したり、会議独特の緊張をほぐすことも可能**なので、かなり重宝していました。場の雰囲気が和み、自然と会議参加者の発言数も増えるのでめちゃくちゃオススメです。

一度、上座を勝ちとった時に、会議中の態度が悪い上司を真似てスマホを弄りながら喋り、机に肘をついて足を組んだりしていたら、会議後にその上司が「俺って会議中あんなに嫌な奴だったんだ…。ごめん、改めるね…」とガチ反省していたので、そういった効果も望めるかもしれません。

といっても、僕が働いていた会社でこんなルールを導入できたのも、職場自体が結構ゆるい雰囲気のゲーム会社だったというのもあるので、普通の会社でいきなりやるのは難しいかなと思います。

なので、この本を手に取ってくださり、なお且つ会社でそこそこの発言権がある方は、ぜひ一度レクリエーション感覚でこのルールを使用した会議をやってみてほしいです。

必ずやその会議は盛り上がり、これまで仕事中に見たことのない職場の人達を見ることができるはずです。

きっと提案者の株も爆上がりすることでしょう。

知らんけど。

ちょっと面倒なことも、工夫次第で「楽しく」できるぞ！

コラム

新社会人がやってはいけないこと

（※僕は全部やりました）

その1：嫌いな上司の机に食虫植物を植える

その2：会社で花火をしてスプリンクラーを作動

その3：体調不良で休んだ日にFacebookを更新する

その4：メールの署名で欲求を出しすぎる

やっぱり社会人をやっているとストレスは溜まっていくもので、僕はこのような行為で自分のストレスを発散していました。

嫌いな上司の机に置いてある観葉植物を、ハエトリグサやウツボカズラなどといった食虫植物に替えた時は、それに気づいた上司の焦り具合を同僚と陰でめちゃくちゃ楽しみました。

会社の地下駐車場で花火をしていた時は、花火の煙に反応して地下のスプリンクラーがすべて発動。順番に作動していくスプリンクラーを見て、「エヴァのネルフ本部みたいだな」と思いました。

あとは社内メールの署名を「定時」「有休」「早退」「定時退社」「昇給」「賞与」「退勤」のみで作ったりもしました。

ちょっとなに言ってるかわからないと思うので、86ページにテンプレートを貼っておきますね。ご自由にお使いください。**絶対に責任は取らないけどな。**

まぁ、ここまでとは言わずとも、やはり日ごろのストレスというのは知らず知らずのうちに蓄積されているので、それが爆発する前にカラオケに行くなり、ゲームをするなり映画を見るなりして、それぞれに合った方法でストレスを発散していきましょう。

そうしないと後々心に取り返しのつかないダメージを負ってしまい、立ち直るのにとても長い時間が必要になったりするので…。

命を大事に！

宛先　なるみ部長
件名　来週のプレスリリースについて

なるみ部長

お疲れ様です。
本日締め切りの資料ですが、腹痛がひどいため
明日までお待ちいただけますでしょうか？
大変申し訳ございませんが、宜しくお願い致します。

◇定時◆有休◇早退◆　定　日寺　退　ネ土　◇昇給◆賞与◇退勤◆
株式会社 ××　第一研究開発本部
やしろあずき / YASHIRO AZUKI
〒000-0000 東京都 XX 区 XX XX ビル XF
TEL: 00-0000-0000 FAX: 00-0000-0000
Email: ○○○
URL:×××
◇昇給◆賞与◇退勤◆　有　糸合　イ木　暇　◇定時◆有休◇早退◆

第3章

適度に「不真面目」でいい

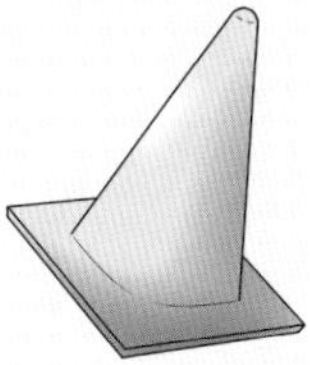

不真面目

ブラック企業の渡り鳥になってはいけない

真っ黒な企業から抜け出すための鍵とは、なんでしょうか？

超ブラック企業に勤める友人がいた
こないだ3日間徹夜でさぁ…
お前ホント死ぬぞ…
ある日
聞いてくれ!!やっと転職決まった!!
あの会社とはオサラバだ!!
マジか!!
今度の会社すごいんだよ!!面接なしで1発採用でさぁ社長がめちゃ笑顔が素敵で
社員の垣根がなくてフラットで笑顔あふれる職場らしい!!社員は家族同然でプライベートでも助け合ってるらしいぞ!!
神様…
基本給は少ないけど頑張りとやる気次第でガンガン上がるって
彼が何をしたというんですか…

☆Go To Nextブラック企業!!

ブラック企業から逃れられない人、周りにいませんか？

僕の友達にも数人います。

とんでもなく理不尽な要求を押しつけてくる真っ黒なブラック企業で耐え続け、やっと辞めて転職したと思ったらそこもまたブラック企業。

さながら**ブラック企業の渡り鳥みたいになっている人**。

「僕、ブラック企業だーいすき！」って人だったらいいんですが、本人も相当辛そうだし、見ているこっちも辛いです。救われてほしい。

で、こういうブラック企業に入っちゃう人、ブラック企業の輪から抜けられない人を複数見てきたんですが、なんとなく共通点があるんですよね。

これは僕の周りの話なので常識というわけでもなく、ただの持論なんですが、とりあえずみーんな、

「根が凄い真面目」で**「自分に自信がめちゃくちゃない」**タイプなんですよね。

真面目すぎて言われた事すべてに全力投球してしまう、真面目すぎて疑問を持たずとにかく上司の言うことを聞いて動く…。

そこまで真面目って、思考停止してるとも取れちゃいません？

「自分に自信がめちゃくちゃない」タイプの人は「こんな俺を拾ってくれた会社なんだから尽くさなきゃ！」「どうせ俺はまともな職業にはつけないし、この会社でいいよ…」みたいに考えがちなのではと思います。

これも思考停止ですね、ていうか前者は洗脳じゃない？

自分には自信を持っていいと思います。**自信を持つことに何も悪い事はない**と思います。まあ、それで周りを巻き込んで自爆するのは避けたいですが…。

僕はそういう育てられ方をしてきたので、自分に自信があります。才能があると思ってますし、天才だとも思ってます。人に聞かれてもそう答えてます。

実際は天才なんかじゃないとわかってますが、そう思っているんです。

自分に自信があれば、視野は広がります。

「俺はここがお似合いだから…」とクソ辛いブラック企業で人生を浪費するより**「この天才の俺様がこんな会社にいるのは時間の無駄だ！　転職!!」**とスパッと決断できた方が、よっぽどその後の人生有意義になる気がします。

辞めてもなんとかなるもんです。
辛かったら辞めましょう。ブラック企業。

不真面目

世界一になった僕が、あっという間に輝きを失った話

特にフリーランスで活動していこうと思っている皆さん、ぜひ僕を反面教師にしてほしい。

突然ですが皆さんは「Vine」というサービスをご存じでしょうか。

「Vine」とはショート形式の動画共有サービスであり、ユーザーは6秒間の動画を投稿することができるというものです。

一時、とても多くの人がその「Vine」を利用し、その6秒間に己のすべてを詰め込んだ魂の動画を投稿しまくっていた時代がありました。

「Vine」に投稿した動画で多くの好評を得て、人気者になった人がたくさんいるのですが、僕もその一人です。

ある日、**「人形遊びをしていたら母に見つかる」**という動画を投稿したところ、瞬く間にその動画が拡散され、**なんと世界一の再生数を獲得した**のです。

そんなこと、ある?

動画の再生数が伸びると共に、「Vine」のフォロワー数も凄い勢いで伸びていき、僕は「Vine」というサービスの中ではかなりの有名人になっていたのです。

が、ある日突然「Vine」がサービスを終了するという知らせが。

あっという間に僕が輝いていた居場所がなくなってしまいました。

本当にあっという間。

ただ、僕は「Vine」と同時に「Twitter」もやっており、そちらのフォロワーも着実に増やしていたので、なんとかダメージは最小限に抑えることができました。

本当にTwitterやっていなかったら危なかった…。

もちろん、「Vine」に全振りしていた人もたくさんいて、そういった人達はサービス終了を知ってから急いで他のサービスに乗り換えていたので、以前ほどの人気がなくなった、という人も多く、**一つのツールに固執して活動する恐ろしさを身をもって経験した出来事**でした。

こういった事態に備えるためにも、常日頃からリスクヘッジとして**一つの島だけを育てるのではなく、複数の島を育て、いつ主要な仕事やサービスがなくなっても他に移行できるような仕組み作りをしていくことが大事**だと思います。

僕の主戦場であるTwitterだって、突然サービスを終了することがないともかぎりません。その時に「ヤバい！」とならないように工夫しているわけです。Twitterなくなったら確実に泣きますけどね。たのむぞTwitter。

調子がいい時こそ、リスクヘッジをしよう！

不真面目

自分の価値を下げる仕事は断固拒否！

「仕事選び」でも一番大切なのは「適度な不真面目さ」と「自分ファースト」ではないでしょうか。

一時期からありがたい事に仕事は増え続けており…
うわあメールが来すぎて追いつかねえ
様々な企業から仕事を頂いている
そんな中には勿論怪しい依頼もある訳で
う〜〜んクソ高いけどこれをやると……
イメージダウンをしてしまうかも……
という仕事は
やらんでいい
お金がよくても自分のイメージが下がらないか
楽しそうな仕事だけ受けてりゃいいんや
長期的に物事を見て仕事を受けよう!!

仕事を始めて最初のうちはなくても仕方ないとは思うんですけど、仕事を続けるうちに周りの評価ってついてくるじゃないですか。

その評価って、今後とてもとても大事なものになってくるんですよ。

なので、そこを大切にしていかないと、ドンドン評価が下がっていってしまって、来るお仕事も減ってしまうし、内容も偏っていっちゃうんですよね。

例えば、僕がいきなりTwitterやブログで「このアクセサリーを購入してから絶好調！　持病は完治し、業績はうなぎのぼり！　宝くじも3億円当たりました！」みたいなことを宣伝しだしたら「ん？　どうした？　やしろあずきどうした？ん？」ってなるじゃないですか。

この宣伝の仕事がどれだけバカ高い報酬であっても、これを請けることで周りからは「やしろあずきは最近ヤバい案件をやっていてイメージが悪いから仕事を振るのはやめておこう」という評価を受けてしまいかねないんですよね。

こういったことは自分についてきてくれたファンの方々を裏切ることにも繋がるので、**短期的に見てお金を優先するより、長期的に物事を考えて仕事を選んでいくのが正解**なんじゃないかなと思います。

とはいっても、仕事を選びすぎてほとんどの仕事を断った結果、全く依頼が来なくなってしまった…、みたいなことにはならないように注意が必要ですね。

なによりもまずは自分が楽しい！　と思える仕事をやっていくのが一番です。

そうしているうちに「この仕事は楽しいし、自分のイメージアップにも繋がりそうだな」とか「これはお金はいいけど、楽しくないし周りからも良い評価を得られなそう…」といった、なんとなくの判断基準が身についていくのではないでしょうか。

何が自分の価値を上げ、何が自分の価値を下げてしまうのか。最初のうちは判断が難しいかもしれませんが、クリーンなイメージのインフルエンサーを参考にするなどしてみるのもいいかもしれませんね（僕のような）。

真面目になんでも引き受けなくてＯＫ！

不真面目

クリエイター諸君、遠慮厳禁！宣伝はどんどんした方がいい

遠慮は美徳かもしれないけど、しなくていい遠慮もあります。

自分の作品を宣伝するのが
ちょっと恥ずかしいし
宣伝かって嫌われそう…
なんか金目当てって思われそうで…
なーーんか苦手という人は結構多いのだが…
自分が作ったものを自分で宣伝して悪いことなんぞなんもないから
宣伝はガンガンしろ
ツイッターに関して言えばまずタイムラインなんぞガンッガン流れてるんだから
ザー
うんち
うんち
うんち
1回の宣伝じゃ見れない人もわんさかいるしもうホントうざいぐらい宣伝しても問題ないと思います
今は宣伝できる媒体もめちゃくちゃあるんだし自分の成果物を色んな人に届けてみよう!!
人生から
やしろあずき
「逃げる」コマンド
を封印している人へ
という訳で逃げコマをめちゃくちゃ宣伝してくれ皆!!このコマ使っていいから

ネットにはたまに、こういった完全に意味不明なルールというか、雰囲気みたいなものがあります。

例えば、Twitterで自分の作った作品を何回もRT（リツイート）するのはダサいとか、みっともないとかいう謎の文化。

いや、自分が自信を持って作ったものを宣伝しまくって何が悪いんじゃい！

「何回もRTしたらうざいと思われないかな…？」

構わん。しまくれば良いと思います。 そもそも、フォローしてくれている人はその人の作品や最新の情報を知りたいからこそフォローしているはずなので、構わずバンバン宣伝しまくってあげるべきなのです。

Twitterのタイムラインなんてバンバン更新されていくので、しっかり宣伝していかないと求めている人に届かない可能性はめちゃくちゃ高いですからね。

僕も結構な数のアカウントをフォローさせてもらっているので、好きな人達の最新作品をいつの間にかめちゃくちゃ見逃してしまい、「もっと積極的に宣伝してくれ〜！」と叫んでいます。

お昼に宣伝ツイートしたものであれば、夕方、夜、翌日の朝くらいに分けて宣伝するくらいしないとなかなかフォロワーさんに届き辛いので、そのくらいはしてもいいんじゃないでしょうか。

まだまだ日本には「宣伝悪」みたいなものが染みついてしまっているように感じますが、これは本当に良くないなと思います。

せっかく愛情を込めて作った自分の作品なんですから、使えるものは全部活用して、一人でも多くの人達へ届けられるように努力していくべきだと思います。

#逃げコマ

不真面目

自信≠過信

己を助ける「自信」という武器も、過信になれば身を滅ぼしかねません。

母や父には昔から「天才じゃないが自分の事を天才だと思っとけ」とよく言われた
何おどおどしてるんだい!!そういう時は自分は天才だと思って臨めばいいのさ!!
いや俺天才じゃないし……
ババーアン
知ってるよ!!うんこだろ!!
うんこ!?
自分を天才だと思い込んでやるのと自分はもうダメだ…と思ってやるのじゃ明らかに前者のほうがうまくいくだろ!! 要は気の持ちようさ!!
ババァトラスト
自分ぐらい自分自身の事を天才だと思ってあげれなくてどうするんだい!!
だがそうそううまくいく訳でもないのが現実である!!
天才だと思い込んでみたけど普通にめちゃくちゃ緊張したし脱糞もしかけてしまった…
そうかい!!
汚ッ
ババー
まあうまくいかなかったらそのまま寝て忘れな!!どうせ周りもすぐ忘れるよ!!
ネテオキタラババァ
都合良いな
人生、人に迷惑かけない範囲で自分の都合よく考えて生きてりゃいいのさ!!
◆自信を持つこと、大事!!

これまでも自分に自信を持つことが大切だと伝えてきましたが、**「自分に自信を持つ」のと「自分を過信する」のとは別**だと忘れてはいけないと思います。

自分を過信していると、周りが見えなくなったり、現状の力量ではこなせるハズのない仕事を引き受けてしまったりして、最終的に周囲に迷惑をかけてしまう…、といったことになりがちだからです。

ただ、この自信と過信の違いって、自分でもなかなか区別がつきにくいんですよね。

「現状の力量でこなせるハズのない仕事を受ける」のは過信ですが、「受けたことのない仕事をとりあえず受けてみる」のは自信。みたいな感じでしょうか。

ちょっとわかり辛いですよね。僕もそう思います。

自分に自信がある人は「こういった仕事もできますか？」という問いに対して、「この仕事はやったことないので、ちょっとできるかどうか…」という回答ではなく、「できます。やります」と、あたかもその仕事内容をいつもこなしているかのようなスタンスで引き受けたりしています。

そしてわからないところや未経験なところは死ぬ気で勉強し、調べ、高いクオリティのものを相手に提供する…。

僕の周りにもそのような人達が多いように感じます。

自信と過信、紙一重なところもありますが、それでもやはり自分くらいは自分のことを天才だと思い、信じてあげたいですよね。

「自信」は「これまでの自分」が作る！

辛くない「努力」の見つけ方

「努力すれば報われる」という言葉もありますが、
「頑張らなくていい努力」を探していく方が楽しい気がしませんか？

努力って難しいですよね。

「頑張らなきゃ」と思った時点で、その努力は「辛い努力」になってしまうんじゃないかと個人的に思っています。

僕も昔から努力することがめちゃくちゃ苦手な人間でした。

なので「努力なんかしないで好きなことだけして生きるぞ！」と思い、毎日仕事終わりに好きな漫画を描いていたところ、知人から「よくそんなに努力できるね」と言われてハッと気づいたんですね。

自分としてはただただ好きなことをやっていただけなのに、それが知らず知らずのうちに努力に繋がっていたんだな…と。

もちろん「辛い努力」を否定しているわけではありません。

世の中には「辛い努力」が必要な時の方が圧倒的に多いのも理解しています。

とはいっても、こうして好きなことを楽しく続けていくうちに、「あれ、これで食っていけるんじゃね？　お金稼げるんじゃね？」となった方が嬉しいし最高じゃないですか？

例えば知り合いの同人作家さんなんて、会社でバリバリ働いて、家に帰ったら朝まで同人誌描いて寝ないでイベントに行って設営して販売して…。

普通に考えたらめちゃくちゃ努力してると思うじゃないですか。

でも、彼は全くこれを努力だと思っていません。めちゃくちゃ楽しんでる。

ただ、「これで稼げるんじゃね？」というフェイズになった途端、**今まで努力じゃなかったものが「辛い努力」に変貌することもよくあります。**

その時こそ、本当にそれが大好きで、自分に合っているかがわかる瞬間なんじゃないかなと。もちろん、そうなっても変わらず努力を努力と思わずやっていける人もいますが。

大事なのは、それまでにどれだけ「努力の貯金」ができているかで、その貯金がしっかりできていれば、それを応用しながら、また好きで夢中になれる新しいことを見つけてチャレンジすることもできるのかなと。

自分が本当に好きなことを探すのは、人生の一つの課題なんだと思います。

それを見つけた時、今まで自分でも感じたことのないほどの力があふれ出てくると思いますよ。

あなたが自然に向き合えるものをリスト化して「本当に好きなこと」を探そう！

不真面目

社畜に物申すマン

「休日出勤＝頑張っている」みたいな風潮は
今すぐ消滅すればいいと思います。

社畜に物申すマン参上!!
今日も社畜に物申すぞい
土曜日
あれ、今日も休出ですか
休日の会社は静かだしな
やっぱ休みの日じゃないと自分の仕事ができないよなぁ
いやいやいやいやいやいやいや
なんか格好つけてるけどおかしいから
休みの日じゃないと自分の仕事ができないって普通に異常な事だろうが
お前の働き方が下手なんだよ見直せ!!

最初に言っておきますが、別に僕は休日出勤に否定的なわけではありません。

ただ、**「休日出勤を誇らしげに語る人」や「休日出勤している人を偉い、頑張っている、と評価する社会」がめちゃくちゃ死ぬほど嫌いなだけです。**

昔と比べれば、世間的にはこういった考えの人がかなり減ったように見えますが、それはネットからそういった話題が消えただけであって、まだまだ根強くその文化が残っているように感じます。

よく「俺らが若い頃はもっと残業も休日出勤もしてたんだぞ！」と、自慢げに話してくる人がいるじゃないですか。それはまぁ別にいいんですよ。

知らんけどね。キミ達の時代の話なんてこっちはどうでもいいし、知らんけどね。まぁいいです。

ですが、そこに「だからお前らも残業して休日出勤しろ」と加わるともうダメ。
これはダメです。だって知らんもん。

普通さ、普通よ？
「だからお前らに同じ思いをさせたくない。早く帰ってね」ってなりません？
そうあるべきでしょ。普通は。

ちなみに、僕なりの社畜の定義ですが、なにも残業や休日出勤をしている人全員を社畜だなんて思っていません。

今の仕事が好きで、楽しく働きながら必要な残業や休日出勤をしている人は社畜ではないと思います。そういう人は逆に羨ましいです。
僕はそうはなれなかった人間なので。

仕事も残業も嫌で、「辞めたいな…」と思いつつも「逃げる」コマンドから目を逸らし、やがて他の事を考えられる余裕もなくなるほどに追い詰められ、気付いた時には心身ともにボロボロ。転職をしようにも「他に自分が働けるところなんてあるのか…？」と自暴自棄になってしまう…。

そのような人がいわゆる「社畜」に値してしまうのかな、と思います。

そこまでいってしまったら、もうとりあえず逃げてしまうというのも手ではないでしょうか。

重ねて言いますが、残業や休日出勤自体を否定するわけではありません。

ただ、僕は休日出勤がゴキブリより苦手です。

休日に出ないとなんともならない事態だったら仕方がないと思いますが、そういう事態もゴキブリより苦手です。

ついでに朝起きて会社に行くのもゴキブリより苦手です。

限界がくる前に「逃げる」コマンドを思い出そう！

第4章

「逃げる」のは悪じゃない

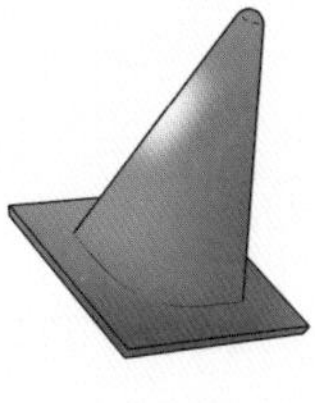

逃げる

僕が母に教わった「逃げ」の話

辛くてどうしようもないと思う前に、
もっと気軽に、逃げましょう。

昔入ったばかりのクラブを速攻辞めようとした時
全然楽しくないし苦痛すぎる今すぐやめたいんだが
アアン
ババァストレート
辞めな!!
マジで!?
全然楽しそうじゃないしね!! 向いてないものを無理して続けるよりは別の事を探しな!!
ババス
やめるなら早いほうがいいよ!!
う、うーん…でも俺結構すぐ辞めるし逃げてばかりだと思われそうで……
嫌な事から逃げようとするのは悪ではないと思うよ!!何も考えずに逃げるんじゃなく明確な理由があるなら尚更そうさ!!
ババァエスケープ
逃げた先で成功してる人だって腐るほどいるよ!!
よ…よし辞める

これは僕が中学生だった頃の話ですが、当時から絵を描くのが好きだったので、美術クラブに入っていたんです。

ただ、その美術クラブはめちゃくちゃ真面目な感じで、「よ〜し！　みんなで楽しくお絵描きするぞ〜！」とワクワクして入った僕からすると、マジで全然楽しくなかったんですよね。

マジで。

あまりにも楽しくなかったので、辞めたいという相談を母にすると、すぐに「じゃあすぐに辞めな」と言ってくれたんです。

普通こういう時の親って、「せっかく入ったんだからもう少し続けなさい」みたいに言いそうじゃないですか。

辞めたい張本人の僕でさえ「辞めたいけど、こんなにすぐに辞めたら周りから逃げてばかりだと思われそう…」と悩んでいたんですが、「別にその世界がすべてじゃないんだから、辞めな」と背中を押してくれました。

「逃げることは悪じゃない」

母からのこの言葉は僕にとって**「本当に嫌なことからは逃げてもいいんだ」**と当たり前のことに気付かせてくれた大切な言葉になりました。

働いていた会社も2回辞めたし。

なので、僕の脳内にはいつもゲームでいう**「逃げる」コマンドが選択肢として存在していて、**「本当に嫌になったら逃げればいいや」と、その存在が精神的な支えになっているんですが、今の世の中、そもそも「逃げる」コマンド自体が脳内に存在していない人がかなり多いと思うんです。

多分、そういう人ってかなり真面目な人で、例えば会社を辞めたいと思っても、「自分が辞めたら周りに迷惑がかかっちゃうし…」とか「そもそも上司に言い辛い」みたいにズルズル働いて、最終的には精神的に大きな傷を負ってしまうことになりかねないんですよね。

嫌だったら即辞めろ（逃げろ）、というわけじゃなく、しっかりと考えて別の選択肢を出したうえで辞めたほうがいいとは思うんですが、マジでヤバいクソオブザクソブラック企業だと**ほかの選択肢を考える事もできないほど追い詰められたりするので、そういう場合は何も考えず辞めるのが正解**だと思います。

「逃げることは悪ではない」という言葉を、この本を読んでくれている皆さんには忘れないでいただきたいですね。

僕は今、この本の締め切りから逃げたいです！

逃げる

心が痛んでいる時は風邪と同じ。休んでよし！

身体の不調と同じくらい、心の声にも耳を傾けましょう。

僕は学生の頃、学校でなにか嫌なことがあって「今日は行きたくないな…」と思うことが結構ありました。

だけど、そういうのって親にはなんか言い辛いじゃないですか。

でも親って凄いもので、子どもの家での雰囲気なんかで「なにかあったな」と察するんです。

そこで悩みを少し打ち明けたら「今日は休みな。**辛いことがあったら無理せずに心を休ませないと。それはズル休みじゃないよ**」と言ってくれて、「あぁ、**心が辛い時も体調不良なんだな**」と思うことができたことで、かなり救われた記憶があります。

昔から「就職したらとりあえず3年は働け」と美徳のように言われてるじゃないですか。

あの言葉、僕めちゃくちゃ嫌いなんですよね。

なんだその美徳。全然美しくねぇよ。

もちろん自分に合っている会社にいるならそれは素晴らしいことなので、ぜひ3年以上勤めていただきたいです。

しかし、この美徳があまりにも広まっているので、自分に合っていなかったり、超絶クソブラックな会社に勤めている人の**「逃げる」コマンドを奪っている**と思うんです。

人生の中で3年ってめちゃくちゃデカいんですよ。

その貴重な3年を自分に合わない、辛くて辞めたいと思いながらも我慢しろなんて、めちゃくちゃ無駄な話じゃないですか。

奴隷じゃないんだから。

「この会社好きだな。自分に合ってるな」って大体3か月くらい勤めていたらなんとなくわかってくると思うので、それくらい働いて自分に合っていないと判断したら辞めてしまってもいいんじゃないかなと思います。

とはいっても10社連続で半年以内に辞める、みたいなのはさすがにヤバいと思うので、「この会社のここが自分に合わなかった」とキチンと分析して次の就職に活かせば、いつかは自分に合った環境に巡り合えるんじゃないでしょうか。

「とりあえず3年」という、誰が決めたかもわからない蜃気楼みたいなゴールを目指すよりも、「副業してこれだけお金を貯めたら辞めよう」とか「勉強して、この資格を取ったら辞めよう」みたいに**自分でゴールを設置するのがめちゃくちゃ大事だと思います。**

3年は我慢？　いや、本当に辛かったら3秒で逃げろ！

逃げる

知人が死ぬことが多いからこそ言いたいこと

僕の周りで実際に起きている
嘘のようで本当の話です。

明るい話題ではないですが
この業界、若くして亡くなる方が
めっちゃくちゃ多いです
えッ……この方
亡くなったって……
去年の冬コミで
お会いしたのに……
広いようで狭い業界なのでこれまでも
結構交流があったりお会いした事が
ある方が亡くなられています
これまで同業の方の結婚式に参加した
回数よりお葬式に参列した回数の
ほうが多いという事実もあります
※葬式やお別れ会で同業者に会うと
必ずする会話
いや〜次は俺の番すかね
ホント……
いや俺なんか多分次の
本出るまでもたんよ…
同じ業界、似た業界で頑張っている
人が亡くなってしまうのは本当に
悲しいし辛いです
亡くなる原因は大体不摂生から
きている事が多く、僕も結婚前までは
THE・自由業という生活スタイルでした
昔 朝寝て昼に起きる、食事は適当、運動ゼロ
てつや
ラーメン
てつや
もう朝…
今 夜寝て朝起きる、運動毎日、1日3食
あさおきる
ジムでプールとか
ねる
ただ最近はしっかり夜寝て朝起き
3食食べ、軽い運動を毎日するという
真人間スタイルを徹底しています
(事実そのほうが仕事も捗りました)
※究極にヤバい時は徹夜する

◆寝ろ寝ろ寝ろ寝ろ寝ろ寝ろ〜〜〜!!

フリーランスとして好きなことを仕事にしていると、「仕事が楽しくて休みなく寝る間も惜しんで働いちゃう」ことになりやすいです。

当たり前ですが、**人間は寝ないと死ぬし、休まないと精神が壊れちゃうんですよ。**

どんなに楽しく仕事をしていても、どこかで休息をとらないと気付かないうちに身体はボロボロ、ということになりかねないんですね。

実際にそういう働き方をしていた僕の友人が過去に二人、溜まっていた疲労からかお風呂で入浴中に寝てしまい、そのまま帰らぬ人になってしまいました。

なので、自分の好きなことを仕事にしている人にも、ブラック企業のようなものとはまた違った危険性があることを知ってほしいです。

どんなに屈強な体力と精神力を持ち合わせたハルクみたいな人でも、いつまでも「たたかう」コマンドばかりを選択していたら、いつかはＨＰが尽きてしまいますから。

フリーランスの「いつでもどこでも働ける」というのは、一見するとメリットしかないように見えますが、実際にはオンとオフの切り替えがめちゃくちゃ難しいんですよね。

僕もフリーランスになってから最初の頃は「締め切りヤバいのにゲームしていて大丈夫かな…？」とか「編集の人に連絡返してないからTwitterやりにくいな…」とか思ってたんですが、そんな風に考えるのは全部やめました。

自分の気持ちと身体に正直に従って、寝たい時に絶対に寝るし、遊びたい時に絶対に遊びます。

編集の人にキレられたり、なぜか母にチクられたり（なんで？）しますが、こうすることで自分のパフォーマンスがしっかりと発揮できるのであれば、それが一番だと僕は思います。

これは好きなことを仕事にしている人だけでなく、会社に勤めている人も同じで、心の中では「会社のために休まず働かないと」と思っていても深層心理で辛いと思っているのであれば、しっかりそこに目を向けて行動してほしいです。

心と身体は嘘をつかないですから。

一番大切なのは自分の「心と身体」！

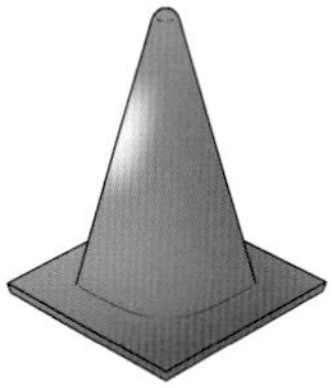

自分の身は自分に捧げてほしい

「仕事が好き」ではなく、「会社に忠誠を尽くす自分が好き」というのはとても危険な考え方だと思います。

「会社が命！　会社のために自分のすべてを捧げる！」

なんていう人は、今の時代かなり少なくはなりましたが、ブラックな企業で働いているうちに、いつの間にかそういうマインドになってしまっている…という方は結構多いように感じます。

いや、もちろん本当に会社が好きで、心から仕事を楽しんでいるのであれば全く問題はありません。

そういった人はなぜ自分が今の会社が好きで、心から仕事を楽しんでいるのかを冷静に分析できている人が多いですし、自分に何を求められていて、どんなスキルを磨けば良いかを理解しているので、いざその仕事を辞めてもいくらでも次が見つかります。

ただ、潰しの利かないスキルや知識しか身につけていないと、いざ会社から切られてしまった場合、本当に漫画のようになってしまいかねません。

仕事を頑張りすぎることと、自分のスキルを磨くことは、必ずしもイコールではないので、今一度自分の仕事を振り返ってみるのも良いかもしれませんね。

ちなみに、僕は定時退社を頑張りすぎてよく怒られていました。

当たり前ですけど、**自分の人生は自分のものだし、会社で働くというのはその人生の一つの選択肢に過ぎない**ということを忘れないようにしてほしいな、と思います。

僕は「帰って家で漫画を描く」という、自分のやりたいことをするために定時退社を頑張っていました。

こういった「やりたいこと」を自分のために優先してあげることが、後々に新しいスキルなんかに繋がっていくこともあるので、新しい自分を見つけるという意味でもオススメです。

せっかくの自分の大切な人生ですから、会社ではなく全部自分のために捧げた方が絶対良いと思いませんか？　僕はそう思います。

とりあえず明日、ちいさいことで大丈夫です。
自分のやりたいこと、何か一つやってしまいましょう。

自分の人生は自分のもの！

逃げる

好きなことだけ続けたら、自宅が三角コーンまみれになった

これから、一般的な自己啓発書には絶対に出てこない話をします。

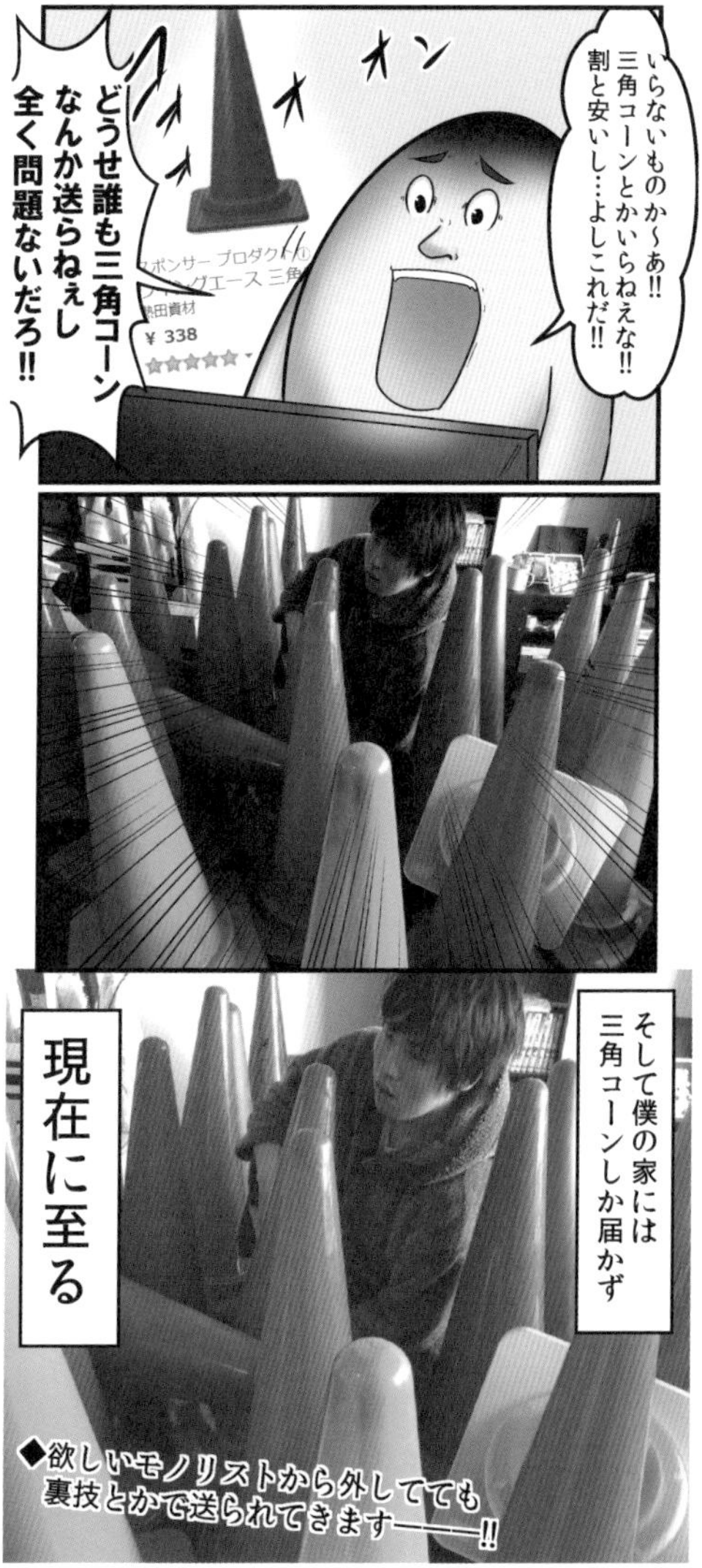

僕の自宅って三角コーンまみれなんですよね。

なんだ、「僕の自宅って三角コーンまみれなんですよね」って。

人類でこんな言葉を発するの、多分僕だけじゃないの？

いやね、そりゃ最初に大量の三角コーンが届いた時は、「これはめちゃくちゃ面白いし、ウケるな」と思って嬉々としてTwitterにツイートしましたし、実際にめちゃくちゃウケましたよ。

僕としても、「いや〜ウケたな〜。うまくネタに昇華できて良かったな」くらいに思ってました。問題はその後です。

もうね、その後も普通に届きまくるんだわ。三角コーンが。大量に。エンドレスに。

誕生日とかもう全然終わってるのに関係ねーの。延々と三角コーンが送られてくるの。そんなことある？

さすがにヤバいなと思っていたんですが、もうここまで来たらすべてを受け入れてネタとして今後扱っていこうと思い、三角コーンが自宅に大量に届くたびにネタにしていました。

そうしていると益々「あいつのところに三角コーンを送っても怒んねーし、ネタにしてもらえる」となり、自宅の三角コーンの在庫は右肩上がりでもうお祭り状態に。

中には凝ったオリジナル三角コーンを作成して送りつけてくる輩まで現れ、その高すぎるクオリティと一種の大喜利のようなターンを迎えることによって、**僕の三角コーンネタは人気コンテンツとなっていきました。**

まさか、ほしい物リストになんとなく入れた三角コーンがここまでの盛り上がりを見せ、僕とは切っても切れない代名詞のようなものになろうとは、人生なにが起きるか本当にわからないものです。

改めて考えてみると、「三角コーンが代名詞」ってだいぶヤバいですね。

これはある種、フォロワーさんと一緒に協力してコンテンツを育ててきたとも言えますね。ＳＮＳで築いてきた、僕とフォロワーさんとの絶妙な距離感や、なんでも面白くネタに昇華させようと貪欲に動いたことなどがうまく重なり、僕の強力な一つのコンテンツとなってくれました。

キッカケをくれた有名配信者には今度お礼に大量の三角コーンを送りつけてあげようと思います。

「三角コーン＝やしろあずき」という狂ったブランディング

僕の三角コーンが巡り巡って社会貢献に繋がった話

誰かの悪ふざけが、誰かのためになることもあるもんです。

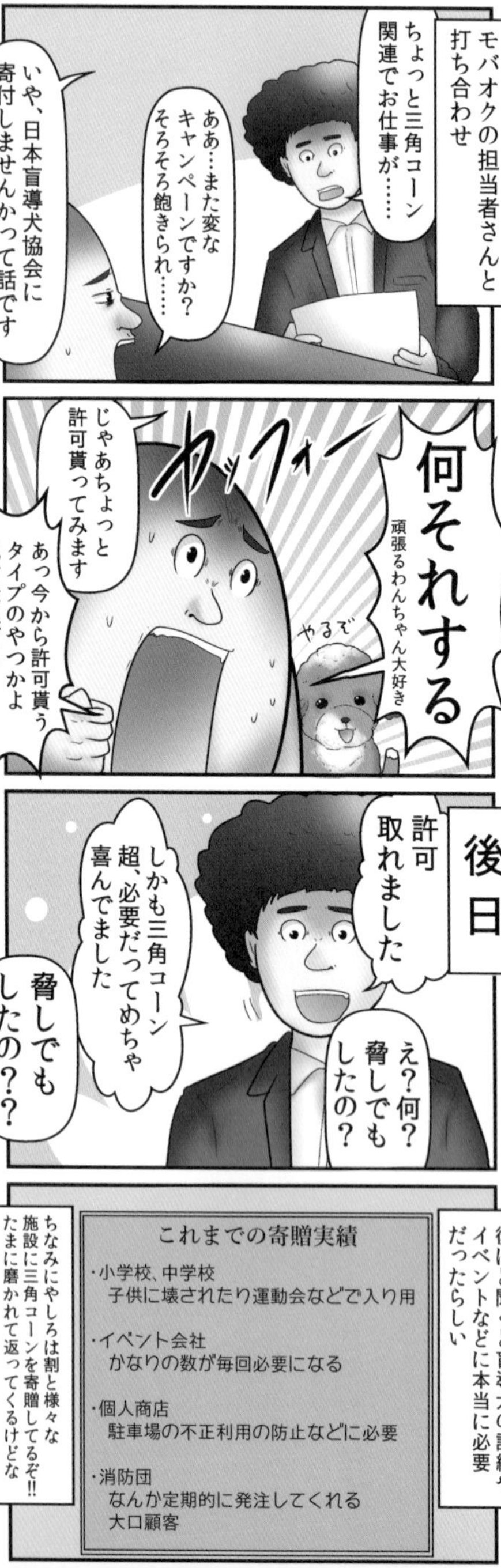
モバオクの担当者さんと打ち合わせ
ちょっと三角コーン関連でお仕事が……
ああ…また変なキャンペーンですか？そろそろ飽きられ……
いや、日本盲導犬協会に寄付しませんかって話です
何それする
ヤッフォー
頑張るわんちゃん大好き
やるぞ
じゃあちょっと許可貰ってみます
あっ今から許可貰うタイプのやつかよ絶対無理だろ
後日
許可取れました
え？何？脅しでもしたの？
しかも三角コーン超、必要だってめちゃ喜んでました
脅しでもしたの？？
後ほど聞くと盲導犬の訓練やイベントなどに本当に必要だったらしい
これまでの寄贈実績
・小学校、中学校
子供に壊されたり運動会などで入り用
・イベント会社
かなりの数が毎回必要になる
・個人商店
駐車場の不正利用の防止などに必要
・消防団
なんか定期的に発注してくれる
大口顧客
ちなみにやしろは割と様々な施設に三角コーンを寄贈してるぞ!! たまに磨かれて返ってくるけどな

◆盲導犬協会をよろしくお願いします!!

三角コーンの話が続いてしまい、すみません。

普通あります？　2項にわたって三角コーンの話をする自己啓発書。僕は初めて見たし、**自分ならそんな本、絶対買わないと思います。**

そんな本書を手に取ってくれ、ここまで読んでくれている稀有な存在である皆さんを信じて、もう少し三角コーンの話をさせていただきますね。

着々と「三角コーン＝やしろあずき」という狂ったブランディングが確立されていく中、自宅の三角コーン在庫数は増加の一途をたどっていました。

そんな中、「日本盲導犬協会に三角コーンを寄付しませんか」という話が来まして、こんなにありがたい話はないぞ、と嬉々として有り余る三角コーンを寄贈したんです。

その話をブログやTwitterで報告したら結構反響があり、「やしろあずき、えらい！」みたいな声と共に、「うちにも寄贈してもらえませんか？」というような依頼もちょくちょく入るようになってきたんです。

依頼元は学校だったり消防団だったり。

小学校や中学校だと、やっぱり子どもが三角コーンを壊しちゃうので、少しずつ数が減っていってしまうんですけど、三角コーンって単価が安いから1個1個経費申請するのが難しいらしく、僕みたいに小口でもらえるような存在はかなりありがたいようでした。

消防団は訓練の時なんかに大量に三角コーンが必要らしく、定期的に発注してきてくれます。

僕としては、無限のように自宅に届く三角コーンを処理もできるし、こうやって必要な団体や企業に寄贈することによって社会貢献にも繋がるし、メリットだらけです。寄贈する時の梱包作業とかはマジのマジで大変だし全然やりたくないですけどね。

ただ、フォロワーの悪ふざけから始まった三角コーンのネタが、巡り巡ってこうやって誰かの役に立てたり喜んでもらえたりするようになるとは、僕も全く想像していませんでした。

余談ですが、こうして寄贈する三角コーンの中には僕のイラスト付きサインを描いて送ることがありまして、寄贈先の方も（多分）喜んで設置してくれるのですが、そのサイン入り三角コーンが盗まれるという事件が発生。

行方がわからなくなっていたのですが、Twitterで怒りのツイートをしたところ、無事に返ってきました。

みんな、悪いことはするもんじゃないぞ！

読者のみんな、三角コーンを送りつけてくるあなたも、
ありがとう！

おわりに

僕は今も常に必死です

散々「逃げろ！」と口酸っぱく言ってきた僕ですが、「絶対に逃げられない、逃げてはいけない、ここは両脚をマントルくらいまで深くブッ刺して踏ん張らねばならぬ！」といった状況はいつか必ずきます。

人生において、絶対に逃げてはいけない場面が皆さんそれぞれ必ずやってくると思うのです。

「逃げる」コマンドを封印してきた人達はそういう状況に立たされると、プツンと糸が切れたかのように、その「本当に逃げてはいけない状況」から逃げてしまう、というのをよく目にします。

その逃げ方も、もう今後修正の利かない、取り返しのつかないような逃げ方をしているように思います。

恐らくそれは、今までうまく「逃げる」コマンドを使えておらず、精神や体力を消耗し、いざそういった状況になった時にそれに立ち向かえるような気力が残っていないからじゃないでしょうか。

本当はもっと前から逃げることができたはずなのに、どうすれば逃げられるのか、そもそも本当に逃げてもいいのか。

そんなことを考えているうちに時間だけがドンドンすぎていってしまう。

気付いた時にはもうどうしようもない状況に自分が陥ってしまっていて、結果的に最悪な形でそこから逃げてしまう…。

もうそうなってしまったら再起することも難しいのではないでしょうか。

そうならないように、皆さんにはちゃんと逃げる準備をしておいてほしいのです。

僕だって今も必死です。

だって、いつ僕のブログがサービス停止するかわからないし、せっかく多くのフォロワーを獲得したTwitterだって数年後に存在している保証なんてどこにもありません。

今はお金に困るようなことはないですが、その稼ぎ頭であるものが、いつまでも続くなんてことはないのです。

少しの成功を収めて胡坐をかいている暇はありません。Vineがなくなった時、めちゃくちゃ困って「終わったな」という経験があったからこそ、今はInstagramを頑張ったり（未だによくわかってないけど）、YouTube活動にも取り組んでいます（未だによくわかってないけど）。

そうやっていくつかの島を育てておいて、一つの島が沈没してしまったら、他の育てておいた島に移住す（逃げ）る。そんなたくましさが、これからの時代にとても重要になっていくのだと思います。

嫌なことにひたすら向き合うというのは素晴らしいことかもしれません。それを乗り越えることによって得るものも、もちろんあるのでしょう。

でもそんな時も「逃げる」というコマンドを頭の片隅に置いておいてほしいのです。

「そんなこと言われたって、お前みたいに逃げる島なんて育ててねぇよ」と思うかもしれません。

ただ、今そのことに気づけたのであれば、これから島を育て始めれば良いんです。今の世の中、自分を知ってもらえる、アピールのできる場所や機会はとても沢山あります。

なんとなく「やらなきゃな」と思いながらも、実際に行動に移すということはとても、本当にとても大変です。

「なにが自分に合っているのかわからないし」「今はタイミングが悪いから」「今は

仕事が忙しいから」、あらゆる言い訳を自分の中で作って結局行動しない。

その気持ち、もうめちゃくちゃわかります。現状維持が一番楽だし、リスクもないですしね。

最初の一歩を踏み出すことが一番難しいし、実際にその一歩を踏み出せる人は本当に少ないです。

でも逆に考えれば、その重い一歩を踏み出すだけで、他の人を一歩も十歩も百歩もリードすることができるんじゃないでしょうか。

この本を読んでくれた人達が、明日から、いや今からその一歩を踏み出してくれれば、これほど嬉しいことはありません。

その一歩が、自分が輝ける大好きな場所に連れて行ってくれます。
その一歩が、自分に都合よく生きるための力をくれます。
その一歩が、自分の不安を取り除いてくれます。
「逃げる」ことは悪ではありません。
「逃げるための一歩」を、ぜひ踏み出してみてください。
貴方の健闘を祈っています。
人生から「逃げる」コマンドを封印している人へ、エールを込めて。

［著者］

やしろあずき

WEB漫画家、livedoor公式ブロガーとして月間2000万PVの漫画ブログを運営。
母親に「人に迷惑をかけなければ大概のことはOK」と育てられたため、きわめて自由な大人になる。就活に嫌気がさしてきた頃、たまたま応募したゲーム企画コンテストでベストアマ賞を受賞。それによりゲームプランナーとなるが半年で退社。その後、大手ゲーム会社に転職するが自分の意思に関係なく働かねばならない会社員の働き方が劇的に合わず、仕事の傍ら趣味で続けていたインターネットへの漫画投稿の収益が本業の給料を抜いたことで手応えを感じフリーランスになる。2015年Twitterに投稿した「スタバで見た小学生達の話」がこの年最もリツイートされた日本語アカウントランキング第4位にランクイン。一躍有名になる。以降、様々な連載、企業漫画を執筆しつつ2018年、株式会社グランツアセット執行役員就任。2019年漫画事業・工事用品レンタル事業を法人化し、代表取締役となった。

人生から「逃げる」コマンドを封印している人へ

2020年12月８日　第１刷発行

著　者――やしろあずき
発行所――ダイヤモンド社
〒150-8409　東京都渋谷区神宮前6-12-17
https://www.diamond.co.jp/
電話／03·5778·7233（編集）　03·5778·7240（販売）

ブックデザイン―杉山健太郎
本文DTP――ダイヤモンド・グラフィック社
製作進行――ダイヤモンド・グラフィック社
校正――――ディクション
印刷／製本―勇進印刷
編集協力――ニシキドアヤト
編集担当――吉田瑞希

ISBN 978-4-478-10919-9